Pedrito y el lobo

Versión de Jenny Giles
Ilustraciones de Naomi C. Lewis

D1713055

Había una vez un niño llamado Pedrito
que vivía con su familia
en una aldea.

La aldea estaba rodeada de montañas
y a lo lejos había un bosque muy oscuro.

Pedrito estaba aprendiendo
a cuidar ovejas.
En su primer día como pastor,
él solito tuvo que llevar las ovejas
a un prado en una montaña.

3

Pedrito se sentó a cuidar las ovejas
y miró hacia el oscuro bosque.
Su padre le dijo antes de salir:
— Si ves que sale
un lobo del bosque, grita.
Vendré con los hombres de la aldea
a espantarlo.

El día pasó muy despacito.
Pedrito se sintió aburrido y solo.
Se estaba cansando de cuidar las ovejas
y ver si venían lobos.

Por fin, el sol se ocultó y
pudo volver a casa con las ovejas.

Al otro día, muy temprano,
Pedrito tuvo que volver a llevar
las ovejas al prado.
Esta vez el día pasó más despacito.
Entonces, mientras cuidaba las ovejas,
se le ocurrió una idea.

" Si aviso que sale un lobo del bosque,
vendrán corriendo a ayudarme ",
se dijo para sus adentros.
Así que Pedrito comenzó a gritar:
— ¡ Socorro ! ¡ Un lobo se va a comer
las ovejas ! **¡ Un lobo !** **¡ Un lobo !**

El padre de Pedrito reunió
a los hombres de la aldea a toda prisa.
Subieron la montaña
con garrotes a ayudar
a Pedrito.

Pero cuando llegaron al prado,
no había ningún lobo a la vista.
Pedrito dijo: — ¡ El lobo salió corriendo
cuando los oyó llegar !

Los hombres se alegraron
de que el lobo se había ido.
Se quedaron un rato charlando con Pedrito
y luego volvieron a sus quehaceres.

Pero al día siguiente,
Pedrito repitió el truco.

— ¡ Ayúdenme ! — gritó —.
Viene un lobo. **¡ Un lobo !**   **¡ Un lobo !**

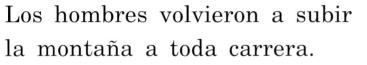

Los hombres volvieron a subir
la montaña a toda carrera.
— ¿ Dónde está el lobo ? — preguntaron —.
¡ Por aquí no hay ningún lobo !

Y todos volvieron a bajar
a la aldea.

Al día siguiente,
Pedrito volvió a gritar " Un lobo ".
Pero esta vez, cuando los hombres llegaron
y no vieron ningún lobo,
se enojaron con Pedrito.

— Nos has llamado tres veces
y nunca hemos visto un lobo — dijeron —.
Ya no te creemos.
Si vuelves a gritar,
no volveremos a venir.

Así que, a la mañana siguiente,
cuando Pedrito llevó
las ovejas al prado,
sabía que pasaría un día
largo y solitario.

Entonces, al mirar
hacia el bosque,
vio una sombra oscura
que salía de los árboles.
¡Era un lobo!
¡Y detrás venían más
sombras oscuras!

Pedrito estaba muy asustado.

Gritó en dirección a la aldea.

— **¡ Un lobo !   ¡ Un lobo !**

¡ Viene un lobo !

Pero la gente siguió trabajando.

— No volverá a engañarnos

— se dijeron los unos a los otros.

Pedrito estaba aterrorizado.
Corrió cuesta abajo gritando:
— ¡Socorro! ¡Socorro!
Están saliendo los lobos del bosque.
¡Van a comerse las ovejas!

Pero nadie le hizo caso a Pedrito.
Los había engañado muchas veces.
El papá de Pedrito dijo: — Ven, Pedrito.
Te volveré a llevar al prado.
Tienes que cuidar las ovejas.

17

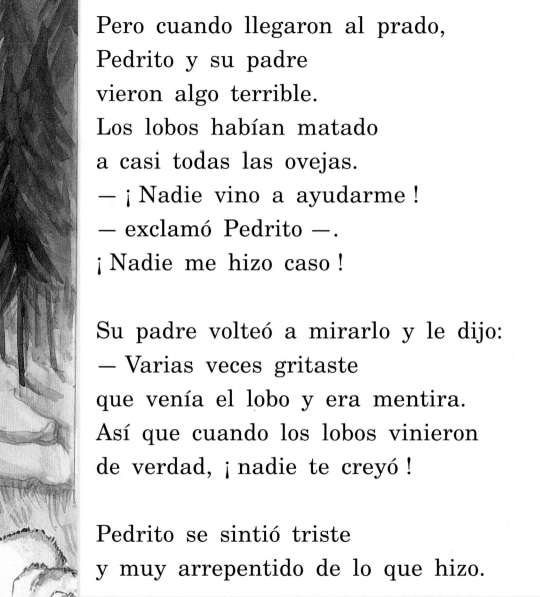

Pero cuando llegaron al prado,
Pedrito y su padre
vieron algo terrible.
Los lobos habían matado
a casi todas las ovejas.
— ¡ Nadie vino a ayudarme !
— exclamó Pedrito —.
¡ Nadie me hizo caso !

Su padre volteó a mirarlo y le dijo:
— Varias veces gritaste
que venía el lobo y era mentira.
Así que cuando los lobos vinieron
de verdad, ¡ nadie te creyó !

Pedrito se sintió triste
y muy arrepentido de lo que hizo.

Y desde entonces,
Pedrito dijo siempre
la verdad
para que todos le creyeran
y confiaran en él.

Obra de teatro

Pedrito y el lobo

Personajes

 Narrador

 Niña aldeana

 Pedrito

 Primer aldeano

 Padre

 Segundo aldeano

 Ovejas (sólo mímica)

 Tercer aldeano

 Lobo (sólo mímica)

Narrador

Había una vez un niño llamado Pedrito
que vivía con su familia
en una aldea.

La aldea estaba rodeada de montañas
y a lo lejos había un bosque muy oscuro.

Pedrito estaba aprendiendo a cuidar ovejas.
En su primer día como pastor,
tuvo que llevar las ovejas
a un prado en una montaña.

Padre

Tienes que sentarte a cuidar las ovejas
todo el día, Pedrito.
No dejes que se salgan del prado.

Pedrito

Cuidaré las ovejas, Papá.
Y cuando baje el sol,
las volveré a llevar a casa.

Padre

Hay lobos en el bosque, Pedrito.
Si ves que un lobo sale del bosque
para comerse las ovejas, grita.
Vendré con los hombres de la aldea
a espantarlo.

Narrador

Pedrito se sentó a cuidar las ovejas.
El día pasó muy despacito.

Pedrito

¡Estoy tan aburrido! Y qué solo me siento.
Estoy cansado de cuidar ovejas
y ver si salen lobos.
No veo la hora de que el sol se oculte
para volver a casa con las ovejas.

Narrador

Al otro día, muy temprano,
Pedrito tuvo que volver a llevar
las ovejas al prado.
Esta vez el día pasó más despacito.
Entonces, mientras cuidaba las ovejas,
se le ocurrió una idea.

Pedrito

Si aviso que sale un lobo del bosque,
vendrán corriendo a ayudarme.

Narrador

Así que Pedrito comenzó a gritar.

Pedrito

¡ Socorro ! Un lobo
se va a comer las ovejas.
¡ Un lobo !   ¡ Un lobo !

Niña aldeana

¡ Pedrito vio un lobo !

Padre (a los aldeanos)

¡ Vengan conmigo ! ¡ Pedrito vio un lobo !
¡ Tenemos que subir al prado a ayudarlo !

Primer aldeano

Iremos contigo.

Segundo aldeano

Tenemos que llevar unos garrotes.

Tercer aldeano

Espantaremos al lobo.

Narrador

Pero cuando llegaron al prado,
no había ningún lobo a la vista.

Pedrito

¡ El lobo salió corriendo
cuando los oyó llegar !

Primer aldeano

¡ Qué bueno !

Segundo aldeano

Seguro que lo asustamos.

Tercer aldeano

Ya podemos volver a nuestros quehaceres.

Padre

Cuando el sol se oculte,
puedes llevar las ovejas a casa, Pedrito.

Narrador

Pero al día siguiente,
Pedrito repitió el truco.
Comenzó a gritar ...

Pedrito

¡ Ayúdenme !
Viene un lobo. **¡ Un lobo !   ¡ Un lobo !**

Padre (a los aldeanos)

¡ Pedrito volvió a ver un lobo !
Tenemos que ir a ayudarlo.

Narrador

Los hombres volvieron a subir
la montaña corriendo.

Primer aldeano

¿ Dónde está el lobo ?

Segundo aldeano

¡ No veo ningún lobo !

Tercer aldeano

Regresaré a la aldea. Tengo mucho trabajo.

Padre

El lobo se fue, Pedrito.
Ya todo está en calma.

Narrador

Y el padre de Pedrito regresó
a la aldea con los hombres.

Al día siguiente, Pedrito
volvió a gritar en dirección a la aldea.

Pedrito

¡ **Un lobo !**   ¡ **Un lobo !** ¡ Viene un lobo !

Narrador

Pero esta vez, cuando los hombres llegaron
y no vieron al lobo, se enojaron.

Primer aldeano

Nos has llamado tres veces
y nunca hemos visto un lobo.

Segundo aldeano

¡ Ya no te creemos !

Tercer aldeano

No volveremos a ayudarte.

Narrador

Pero al día siguiente, cuando Pedrito
miró hacia el bosque, vio una sombra oscura
que salía de los árboles.

Pedrito

Está saliendo un lobo del bosque.
¡ Tengo que pedir ayuda !

Narrador

Pedrito estaba muy asustado.

Pedrito

¡ **Un lobo** ! ¡ **Un lobo** ! ¡ Viene un lobo !

Primer aldeano

No vamos a hacerle caso a Pedrito.

Segundo aldeano

No volverá a engañarnos.

Narrador

Pedrito estaba aterrorizado.
Bajó la montaña a toda carrera.

Pedrito

¡ Socorro ! ¡ Socorro !

Están saliendo unos lobos del bosque.

¡ Van a comerse las ovejas !

Narrador

Pero nadie le hizo caso a Pedrito.

Los había engañado muchas veces.

Padre

Ven, Pedrito.

Te volveré a llevar al prado.

Tienes que cuidar las ovejas.

Narrador

Pero cuando llegaron al prado,

Pedrito y su padre

vieron algo terrible.

Los lobos habían matado

a casi todas las ovejas.

Pedrito

¡Nadie vino a ayudarme!

¡Nadie me hizo caso!

Padre

Varias veces gritaste
que venía el lobo
y era mentira.
Así que cuando los lobos vinieron,
¡nadie te creyó!

Pedrito

Estoy muy arrepentido de lo que hice,
Papá.

Narrador

Y desde entonces,
Pedrito dijo siempre la verdad
para que todos le creyeran
y confiaran en él.